Huzurlu ve Güven Dolu Uykular İçin

MW01705650

Bebekler ve çocuklar en sıradan görünen günde bile birbirinden farklı deneyimler ve bu anlara eşlik eden birçok duygu yaşarlar. Tüm bu duyguların bir yetişkin tarafından görülmesi, anlaşılması ve hangi duygu olduğundan bağımsız kabul edilmesine ihtiyaçları vardır.

Çocuklar hayatlarının erken dönemlerinde duygularını genelde sözsüz dille, hareketleriyle, yüz ifadeleriyle, farklı sesler çıkartarak, bağırarak ve ağlayarak anlatırlar. Bu dışavurum anlarında onlara şefkatle eşlik eden bir bakım veren ararlar. Duyguları bu şekilde sevilen, kapsanan ve yatıştırılan çocuklar daha dengeli ve daha huzurlu olurlar. Ancak, gün içinde bu desteği ne kadar alırsak alalım, hepimizin uyku öncesi zihnimizde ve bedenimizde kalan tortuları atma ihtiyacımız vardır. Bu nedenle, bebekler ve çocuklar da uyumadan önce bize neler yaşadıklarını ve hissettiklerini anlatmak isterler. Yine hareket ederler, sesler çıkartırlar ve hatta ağlarlar. Bu anlarda onları kabul ve şefkatle dinleyen, sakinleşmeleri için onların bu anlarına güvenle eşlik eden bizlere çok ihtiyaçları vardır.

Bu kitapları tasarlarken, çocuklara hiçbir mesaj verme amacı taşımadan, onların kendi hikayelerini kurguladık. Bir yandan da bakım verenler olarak bizlerin, çocuklarımızın gözünden dünyaya bakabilmemizin önemini vurgulamak istedik. Onları en derinden anlayabilmemiz, tüm duygularını önemsememiz ve kabul vermemiz, onların huzurla uyumalarına destek olmamız ve sağlıklı bir duygu regülasyonu (duygu düzenleme, öz düzenleme gibi isimlerle de karşınıza çıkabilir) becerisi geliştirmelerine rehberlik edebilmemiz yolunda bu kitabın hepimize ışık olması dileklerimle...

Psikolog Melis Çetinkaya

ISBN: 978-605-72857-1-3

YAYINEVİ SERTİFİKA NO: 47887
MATBAA SERTİFİKA NO: 47939

Deniz Uyumadan Önce
Melis Çetinkaya

Resimleyen: **Sezen Can**

Baskı ve Cilt:
My Matbaacılık San. ve Tic. Ltd. Şti.

Maltepe Mah. Yılanlı Ayazma Sk. No: 8/F
Zeytinburnu / İstanbul Tel: 0212 674 85 28

Diyojen Yayıncılık, İstanbul, 2023

Diyojen Yayıncılık Tic. Ltd. Şti.
Maltepe Mah. Yılanlı Ayazma Sk. No: 8/F Zeytinburnu / İstanbul

info@diyojenyayinevi.com
www.diyojenkitap.com

O sabah Deniz minik kuşların cıvıltıları,
perdenin arkasından usulca sızan güneşin ışıkları,
ılık çarşafının yumuşaklığı eşliğinde güne uyandı.

Günaydın Deniz!

Annesinin oyun hamuru kadar yumuşak eli

saçlarına dokundu.

"Günaydın birtanem" dedi annesi.

Her zamanki gibi çok yoğun bir güne başladı.

Kutusundaki oyuncaklarını en baştan keşfetti.

Koltuğu baştan başa defalarca yürüdü.

Çekmeceleri boşalttı.

Yemek yerken kaşıklarını tekrar tekrar yere atıp

her defasında çok şaşırdı.

Bunlar Deniz'i çok yordu!

Pili biten oyuncak ayı gibi,

hiç kıpırdamak istemedi.

Bunu anlayan annesi,

Deniz'in biraz dinlenmesi gerektiğini düşündü.

Kendi yemek yaparken onu izleyebilmesi için Deniz'i mutfağa götürdü.

Ama Deniz birden çok korktu!

Sanki peşinden koşarak gelen bir dinazor varmış gibi hissediyordu.

Deniz ne hissederse hissetsin, böyle kötü hissettiği anlarda annesinin ona sevgiyle bakan gözleri, poğaça gibi ılık bedeni, en sevdiği şarkı gibi rahatlatan sesi, parktaki salıncaktan daha iyi hissettiren kucağı ona çok iyi gelirdi.

Annesi onu sıcacık bir battaniye gibi sardı.

Bu en tatlı yerde

ağlamak bile güzeldi.

Deniz bir süre sonra rahatladı.

Sakinleştikten sonra yerde küpleriyle oynamaya döndü. Birkaç taneyi üst üste koydu ancak kulesi hiç beklemediği bir anda devrildi!

Nasıl yaniiiiii? Çok öfkelendi çok!

Böyle zamanlarda gümbür gümbür bir davulun sesi kadar yüksek sesle bağırabilirdi!

Küpleri kızgınlıkla itti ve buzdolabına yöneldi. İçinde çok ilginç şeyler bulabilirdi belki. Buzdolabının kapağı açılınca da yüzüne birdenbire vuran serinliği hep çok sevmişti.

Aaaa, neden açamıyordu peki? Kafasını kaldırdı ve annesinin buzdolabı kapağını tutup geri kapatan elini gördü.

Ama bu tam
bir hayal kırıklığı!
Hüngür hüngür
ağlamak geldi içinden,
tutamıyordu gözyaşlarını!

Sonra gece
oldu ve
Deniz'in
uykusu geldi.
Annesiyle
yatmaya
gittiler.
İşte tam
bu anda
Deniz her şeyi
bir bir anlattı
ona.

Her seferinde düşen küplerine olan öfkesini, mikserin sesinden ne kadar korktuğunu, buzdolabını içini ne kadar merak ettiğini, koltuğu baştan başa yürümenin ne kadar yorucu olduğunu, mama sandalyesinden yere attığı kaşığının sesini ne kadar çok sevdiğini...

Tüm bunları anlatırken, ağzına kadar dolu bir oyuncak kutusu gibi dolmuş taşmış duygularını fark etti.

Patlamak üzere olan bir balon gibi gergindi.

İçi ıslak çamaşır dolu sepet kadar ağır hissetti.

Böyle zamanlarda, bedenini hareket ettirmek, çıkartabildiği tüm seslerle annesiyle konuşmak, hatta bazen de ağlamak isterdi.

Deniz'in annesi ışıkları biraz daha kıstı.
Onu her zamanki gibi sarıp sarmaladı.
Pufuduk ekmek gibi yumuşak sesiyle ona
yardımcı oldu...

"Evet tatlım, bugün zor bir gün
olmuş senin için.

Anlat bana, ben buradayım."

Sonra Deniz suyun üstünde yüzen kayıklar gibi hafifledi.

Ancak o zaman ağırlaşan göz kapaklarını, rahatlamış bedenini, gece kuşlarının sesini ve yatağının tanıdık kokusunu hissedip kendini uykuya bıraktı.

Sen bu gece uyumadan önce neler anlatmak istersin?

Melis ve Sezen beraber büyüdüler. Anneannelerinin bezelyeli mısırlı pilavını, Kirazlıyalı'daki yazlığın bahçesindeki salıncağı, kardeş olan annelerinin hikayelerini, kendi annelik anılarını, çocuklarının eşyalarını, sofralarını, sırlarını, yeteneklerini ve hayallerini paylaştılar. Halen beraber büyüyor ve beraber hayal ediyorlar.

MELİS ÇETİNKAYA

Melis Çetinkaya, 1982'de çocuk doktoru bir annenin ve akademisyen bir babanın ilk kızı olarak İstanbul'da doğdu. Edebiyat ve araştırma hayatına ilkokulda çıkarttığı dört sayfalık dergisini fotokopi çekip teneffüslerde satarak başladı. Psikolojiye merakı ise edebiyat tutkusunun bir devamı olarak, ortaokul yıllarında okuduğu eserler sonrasında gelişti.

2000'de Robert Kolej'i bitirdikten sonra 2004'te Koç Üniversitesi'nden Psikoloji ve Uluslararası İlişkiler Bölümleri'nde Çift Anadal yaparak mezun oldu. Psikoloji Bölümü'nde çocuk psikolojisi alanında bağımsız araştırma çalışmaları yaptı. 2005'te İngiltere'deki Leeds Üniversitesi'nde Pazarlama Yükseklisans programını tamamladı. Bitirme tezini marka algısı ve çocuk gelişim psikolojisi üzerine yazdı.

2005-2015 seneleri arasında Türkiye'nin önde gelen şirketlerinde pazarlama ve reklam alanlarında çalıştı, gençleri hedef kitle alan birçok markayı yönetti. 2015'te kızı Hera'yı doğurdu. Kızının da hayatına girmesi ile çocuk gelişim psikolojisi bilgilerini güncelledi ve özellikle uyku alanına merak salarak bu konuda dünya literatüründeki yaklaşımları öğrenmeye başladı.

2016'da hayallerini gerçekleştirdi ve Nyx Uyku Danışmanlık'ı kurdu. Uyku ve erken dönem çocuk psikolojisi üzerine birçok eğitim aldı. Halen ailelere duyarlı ebeveynlik ile uyku sorunlarını çözmek konusunda danışmanlık veriyor.

SEZEN CAN

Mimar bir anne babanın ilk kız çocuğu olarak 1988 yılında dünyaya gelen Sezen, sanat hayatına 3. yaş gününde hediye gelen pastel boyalarla, yine yeni yaş günü hediyesi olan duvar kağıtlarını boyayarak başladı.

Orta okul ve lise yıllarında özgün baskı resim tekniklerinden seramiğe birçok farklı alanda denemeler yaparak, plastik sanatlarla ufkunu genişletti. 2010 yılında Sabancı Üniversitesi Görsel Sanatlar ve İletişim Tasarımı bölümünden, 2022 yılında Işık Üniversitesi Sinema Televizyon yüksek lisans bölümünden mezun oldu.

Kulis Makyaj Akademi'de "kozmetik makyaj" ve Londra Sanat Akademisi'nde "film ve televizyon için görsel efekt makyajı" eğitimleri aldı. 2017 yılında moda endüstrisi alanında profesyonellerin becerilerini geliştirmeyi hedefleyen Mastered: Makeup programını tamamladı.

Profesyonel kariyerine 2010 yılında başlayan Sezen çeşitli firmalarda görsel tasarımcı, kullanıcı deneyimi tasarımcısı ve proje yöneticisi görevlerinde bulundu. Makyaj kariyerine 2014 yılında başlayan Sezen sırasıyla K.U.M. Ajans'ta Hakan Kültür'e ve Elçin Mutlu'ya, DUST9 Studio'da Jeff Yeşil'e ve Ece Birsen'e asistanlık yaptı. 2020 - 2021 yıllarında Işık Üniversitesi Sinema Televizyon Bölümünde konuk öğretim görevlisi olarak makyaj dersleri verdi.

Meslek hayatına, makyaj ve görsel iletişim alanındaki çalışmalarıyla disiplinler arası serbest bir sanatçı olarak devam etmekte.